DINA DE HILLERIN

AF143267

Déclaration
des Droits du citoyen
LGBTI+

Je dédie cette œuvre aux personnes persécutées, victimes de violences où qu'elles soient dans le monde.

© 2022, Dina de Hillerin
Édition : BoD – Books on Demand, 12/14
rond-point des Champs-Élysées, 75008 Paris
Impression : BoD - Books on Demand,
Norderstedt, Allemagne
ISBN: 9782322391578
Dépôt légal : Février 2022

DINA DE HILLERIN

Déclaration des Droits du citoyen LGBTI+

Sommaire

Remerciements

Par ce livre, je veux dire merci à toutes celles et ceux qui luttent ou qui ont lutté toute leur vie pour la reconnaissance de leurs droits et de leur existence, contre la haine et l'ignorance parfois au détriment de leur propre vie.

Merci aux gouvernements, aux associations, aux organisations internationales et aux entreprises qui se donnent la force et les moyens d'améliorer l'égalité des droits et les conditions sociales liées au genre, à l'orientation sexuelle et à l'identité de genre.

Merci aux donateurs anonymes au profit de l'ALFM contribuant ainsi à la lutte contre les LGBTI-phobies, contre les violences faites aux femmes et contre la précarité menstruelle.

Je remercie ma mère qui m'a enseigné la bienveillance ainsi que mon père qui lui, m'a enseigné la tolérance et un grand merci à toutes les personnes qui ont œuvré à la publication de la ***Déclaration des droits du citoyens LGBTI+***.

Rétrospection

1969
Les émeutes de Stonewall et l'organisation de la première Pride du monde à Chicago le 27 juin 1970

1990
L'OMS retire l'homosexualité de la liste des maladies mentales

2006
Déclaration de Montréal sur les Droits humains des LGBT à l'occasion des premiers Outgames mondiaux

2007
Principes de Jogjakarta sur l'application de la législation internationale des droits humains en matière d'orientation sexuelle et d'identité de genre

2009
Le Conseil de l'Europe appel les états membres à respecter les Principes de Jogjakarta au travers du document: *"Droits de l'homme et identité de genre"*

2018
L'OMS retire la transidentité de la liste des maladies mentales

2021
Déclaration des Droits du citoyen LGBTI+

Présidente, co-fondatrice de l'ONG ALFM qui lutte contre les LGBTI-phobies, contre les violences femmes et contre la précarité menstruelle

Dina de Hillerin

Introduction

S'il y a une journée pour les droits des femmes, pour les droits des enfants, etc.. ; il doit y en avoir une pour les droits des LGBTI+ car le droit est le moyen le plus efficace de lutter contre les injustices et les massacres perpétrés à l'encontre des citoyens LGBTI+ dans le monde.

Cette journée devrait être le 24 juillet date du festival « LR-Pride » organiser par l'ONG que j'ai fondée avec Nolwenn Carton le 26 juin 2020 à La Rochelle : l'ALFM (Association LGBT et Féministe du Monde) qui organisera cet événement tous les 24 juillet approximativement.

L'orientation sexuelle et l'identité de genre est quelque chose de personnel et un petit détail d'une personnalité ; pourtant ce petit détail dérange des gouvernements et des cultures au point de manquer à la première phrase de la Déclaration Universelle des Droits de l'Homme : *« Tous les êtres humains naissent libres et égaux en dignité et en droits ».*

En 2021, la communauté internationale assiste, impuissante aux peines de mort qu'affligent des familles et des pays, à des génocides dans des pays eurasiatiques, à des tortures physiques et psychologiques au travers de thérapies, de mariages forcés et de viols correctifs un peu partout dans le monde et des test anaux dans certains pays arabes.

Les droits de LGBTI+ reculent comme les droits des femmes à travers le monde suite à la crise du coronavirus.

Considérez cette déclaration comme un texte officiel des droits sociaux et un dévouement de ma part, car je fais de la défense des droits humains, une lutte pour la paix et la stabilité à l'échelle mondiale par honneur pour mes ancêtres, pour la France que l'on surnomme « la patrie des droits de l'Homme » et par amour pour la justice.

La déclaration qui suit a pour objectif de faire respecter les droits des citoyens LGBTI+ en qualité d'être-humain.

Chaque être humain a le droit de contrôler son propre corps, tant qu'il ne se sert pas de celui-ci pour nuire à autrui et mérite de vivre dans les meilleures conditions quelques soient les minorités sexuelles, ethniques ou culturelles auxquelles il peut appartenir.

D.D.H

Lettre
aux gouvernements

« Je veux répéter avec fermeté que la voie de la violence et de la haine ne résout pas les problèmes de l'humanité, et utiliser le nom de Dieu pour justifier cette voie est un blasphème. »

Pape François

Mesdames, Messieurs,

A tous les états réputés anti-homosexuels ou anti-LGBTI+ ; le manque de connaissances au sujet du genre, de l'orientation sexuelle ou de l'identité de genre et le manque d'éducation sur la sexualité constituent un immense tabou pour vos sociétés pouvant mener à des violences contraires aux droits humains.

Pour ces raisons et pour le bien commun, je demande à tous les états qui pénalisent l'homosexualité ou la transidentité de libérer tous les prisonniers LGBTI+ hommes, femmes et non-binaires qui pour certains, sont déjà prisonniers de leur propre corps ; et de leur garantir le droit à la vie sauve et le droit à la vie privée.

Le pays dont lequel vous êtes originaires, la culture dont vous avez hérité, la religion en laquelle vous croyez, ne justifie aucun mépris ni aucune condamnation sur des individus dotés de caractéristiques différentes.

Vos lois contre les citoyens LGBTI+ entraînent des craintes pouvant mener jusqu'au suicide, à des meurtres et à de nombreuse violences en tout genre, et des flux migratoires vers des pays plus tolérants constituant ainsi des fuites de cerveaux.

Chaque état et chaque être humain a sa part de responsabilité au maintien et au respect des droits humains de tout citoyen quelque soit son genre, son orientation sexuelle et son identité de genre. Le monde a besoin de tous les êtres humains.

J'appelle la communauté internationale à ne plus justifier d'actes à l'encontre des citoyens LGBTI+ au nom de dieu, par respect pour ces citoyens croyants ou non et pour le bien de tous, car l'amour n'est pas un pêché mais un don de Dieu.

Veuillez recevoir, Mesdames, Messieurs, l'expression de mes salutations les plus respectueuses.

DE HILLERIN

Déclaration Universelle des Droits du citoyen LGBTI+

A décréter par les gouvernements et parlements nationaux et à déclarer à l'ONU.

Préambule

Les non-binaires, les femmes, les hommes, citoyens LGBTI+ représentants et représentantes de chaque nation, demandent les mêmes droits que tout être-humain que ce soit en terme de mariage, de droit à la propriété, d'accès à la santé, à l'éducation, le droit de changer de sexe ou non, le droit de renouveler ou modifier tout document officiel suite à un changement de sexe, le droit de voyager à l'étranger, le droit d'avoir des enfants par adoption ou tout autre moyen médical ou biotechnologique ou encore le droit à la vie privée, et réclament depuis de nombreuses années au travers des Prides, l'égalité en dignité et en droits conformément à l'article 1 de la Déclaration universelle des Droits de l'Homme et des citoyens : *« Tous les êtres-humains naissent libres et demeurent égaux en dignité et en droit »*.

Considérant que l'ignorance, l'oubli ou le mépris des droits des citoyens LGBTI+ (Lesbiennes, Gays, Bisexuel.le.s, Transgenres, Intersexe, Pansexuel.le.s, Asexuel.le.s,...) sont les causes des malheurs publics ; tortures, suicides, emprisonnements, condamnations à mort, génocides, viols, mariages forcés, exorcismes, exercices illégaux de la médecine, atteintes à la liberté d'expression, et des mutilations, menaces … ; les membres du bureau de l'Association LGBT et Féministe du Monde prirent la résolution d'exposer une déclaration solennelle citant les droits naturels et inaliénables des citoyens LGBTI+ afin que leurs réclamations, fondées désormais sur des principes simples et incontestables, tournent toujours au maintien de la déclaration universelle des Droits de l'Homme et au bonheur de toutes et tous.

Considérant que les discriminations ou inégalités liées à l'orientation sexuelle et l'identité de genre cause une stigmatisation entraînant de nombreux mal-êtres physiques et psychologiques pouvant aller jusqu'au suicide et cause des flux migratoires vers des pays plus tolérants.

Considérant l'homosexualité comme un phénomène naturel observé chez plus d'une centaine d'espèces animales, et ayant déjà existé dans les civilisations anciennes notamment gréco-romaine.

Rappelant que l'homosexualité fut retiré de la liste des maladies mentales de l'Organisation Mondiale de la Santé en 1990.

Rappelant que toutes mutilations commises sur des mineurs ou thérapies visant à modifier l'orientation sexuelle ou l'identité de genre constitue des actes de torture prohibés par l'*article 5* de la *Déclaration universelle des Droits de l'homme de 1948* :

« Nul ne sera soumis à la torture, ni à des peines ou traitements cruels, inhumains ou dégradants ».

Considérant que l'interdiction de toute communication artistique ou publicitaire pouvant faire référence aux citoyens LGBTI+ constitue une atteinte grave à la liberté d'expression ;

La déclaration des droits des citoyens LGBTI+ est universelle, indivisible, interdépendante et interreliée conformément à l'article issu de la conférence mondiale sur les droits humains en 1993 à Wien : *« Tous les droits humains sont universels, indivisibles, interdépendants et interreliés »* ;

Considérant que les peuples des Nations-Unies ont, dans la charte, réaffirmé leur foi dans les droits fondamentaux de l'homme, dans la dignité, l'égalité des droits et la valeur de tout être humain quelque soit son genre, son orientation sexuelle ou son identité de genre ;

Préoccupée de constater qu'en dépit de la Charte des Nations Unies, de la Déclaration universelle des droits de l'homme et des pactes internationaux relatifs aux droits des citoyens LGBTI+ ou des minorités sexuelles ou de genre et des progrès accomplis concernant l'égalité des droits, les citoyens LGBTI+ continuent de faire l'objet d'importantes violences et discriminations ;

Considérant que la violence et la discrimination qui s'exercent contre les citoyens LGBTI+ sont incompatibles avec la dignité humaine et le bien-être de la société et empêche les citoyens LGBTI+ de servir leur pays et l'humanité dans la mesure de leur possible, de participer à la vie politique, sociale, économique et culturelle de leur pays ;

Ayant en vue l'importance de la contribution des citoyens LGBTI+ à la vie sociale, politique, économique et culturelle ;

Convaincue que le complet développement d'un pays, le bien-être du monde et la paix, demande la participation maximale de tout être humain quelque soit son genre, son orientation sexuelle ou son identité de genre ;

Considérant qu'il est nécessaire de faire reconnaître universellement, en droit et en fait, le principe de l'égalité en dignité et en droit entre les personnes de tout genre, toute orientation sexuelle, et toute identité de genre.

I

Les non-binaires, femmes, hommes transgenres naissent libres et demeurent égaux

aux non-binaires, femmes, hommes cisgenres en dignité et en droits.
Les non-binaires, femmes, hommes homosexuel.le.s naissent libres et demeurent égaux aux non-binaires, femmes, hommes hétérosexuel.le.s en dignité et en droits.
Les individus formant des couples de même sexe ou du sexe différent sont égaux en dignité et en droit quelque soit le genre, l'orientation sexuelle ou l'identité de genre d'un ou des deux membres du couple.
La loi garantit à tous les individus quelque soit leur genre, leur orientation sexuelle ou leur identité de genre, dans tous les domaines, des droits égaux.
Les distinctions sociales ne peuvent être fondées que sur l'utilité commune.

II

Le but de toute association politique est l'obtention et la conservation des droits naturels et imprescriptibles des citoyens LGBTI+ : ces droits sont la liberté, la propriété, la sûreté, et surtout la résistance à l'oppression. Tout citoyen est libre de se présenter à une élection et de mener campagne afin de se faire élire dans tout instance politique, judiciaire ou administrative et d'exercer le mandat pour lequel il a été élu quelque soit son genre, son orientation sexuelle et son identité de genre.

III

Nul ne peut être arrêté, poursuivi, détenu, condamné, menacé, torturé, harcelé ou assassiné en raison de son orientation sexuelle, de son genre ou de son identité de genre ou pour avoir défendu les droits humains des citoyens LGBTI+ ou toute personne constituant une minorité sexuelle, de genre ou d'identité de genre. Ceux qui sollicitent, expédient, exécutent ou font exécuter des ordres arbitraires, doivent être punis.

IV

Tout drapeau ou symbole auxquels s'identifient ou ayant symbolisé une communauté constituant ou étant lié à une orientation sexuelle, un genre ou une identité de genre doivent rester libres de droit.

V

Tout citoyen quelque soit son orientation sexuelle, son identité de genre ou son genre a droit à la vie. Nul ne peut ôter ou priver la vie d'autrui en raison de son genre, de son orientation sexuelle, de son identité de genre ou tout autre caractéristique ou en raison du genre, de l'orientation sexuelle, de l'identité de genre ou autres caractéristiques de leurs ancêtres.

VI

Tout citoyen à le droit au changement de sexe et ne peut le faire sous la contrainte. Nul ne peut priver de soin ou refuser les opérations chirurgicales d'un citoyen souhaitant changer de sexe et d'avoir un enfant ou non. Les citoyens transgenres ou en transition de sexe ont le droit d'accès au soins, à l'information sur le protocole de transition et au changement d'état civil dans les meilleurs délais.

VII

L'état reconnaît toute démarche administrative conclue à l'étranger notamment le mariage, l'adoption, le changement de sexe et toute autre démarche administrative ou judiciaire.

VIII

Les couples de même sexe parents d'au moins un enfant ou souhaitant devenir parents sont égaux en dignité et en droit aux couples de sexes opposés parents d'au moins un enfant ou souhaitant devenir parents quelque soit leur situation, pourvu que les droits de l'enfant soient respectés.

Les couples de même sexe ou de sexe différent ont le droit d'accès aux méthodes de procréation existantes actuelles et à venir, adaptées à leur choix et leur situation dans le pays de leur choix ainsi qu'au droit d'adoption, à la garde des enfants et à la reconnaissance de la parentalité dans les mêmes conditions.

Nul ne peut s'opposer à l'adoption d'un enfant en raison du genre, de l'orientation sexuelle ou de l'identité de genre d'un ou des deux demandeurs de l'adoption.

IX

Tout mineur identifié intersexe à la naissance ne doit faire l'objet de mutilations génitales.
Les parents ayant donnés naissance à un enfant intersexe doivent être informés de la situation et garantir la survie de l'enfant.

X

Tout document administratif peut se passer de mentionner le genre, l'orientation sexuelle ou l'identité de genre d'un individu quelque soit son format ou son utilité.

XI

Le droit d'immigration et le droit d'asile s'appliquent à tout être humain, couple ou familles sans distinction de genre, d'orientation sexuelle ou d'identité de genre.

XII

Nul état, médias sociaux, gouvernement, entreprise, association ou parti politique ne peut refuser d'afficher ni de publier du contenu créé par un citoyen LGBTI+ ou évoquant ces caractéristiques dans son œuvre.

XIII

Nul ne peut ficher, classer, collecter des données ou des informations sur le genre, l'orientation sexuelle ou l'identité de genre d'un individu.

XIV

Nul ne peut nuire à la fertilité d'un être humain en raison de son genre, de son orientation sexuelle ou de son identité de genre ou celui d'un ou plusieurs de ces ancêtres.

XV

Tout citoyen à le droit de travailler dans des conditions propres à la dignité humaine, de créer ou de reprendre une entreprise, d'exercer le métier de son choix, d'être embauché, de se syndiquer et de se former quelque soit son genre, son orientation sexuelle, son identité de genre ou tout autre caractéristique physique. L'état assure les conditions nécessaires au développement des entreprises promouvant la diversité au sein de leur organisation et aux entreprises créées par ou s'adressant aux citoyens LGBTI+.

XVI

Nul état, gouvernement, entreprise, association, plateforme numérique, technologie, doctrine politique ou religieuse ne peut viser tout citoyen en fonction de son genre, de son orientation sexuelle ou de son identité de genre à des fins d'identification, de fichage, de classification, de tests scientifiques, de recherches ou collecte et diffusion de données, de thérapies, de viols, de tueries, ou tout autre fin pouvant nuire à l'intérêt général et aux droits humains.

XVII

Toute institution politique internationale en faveur des droits de l'Homme déclare le 24 juillet de chaque année, journée internationale des droits des LGBTI+ et d'en faire la promotion.

Repères
bibliographiques

Textes de droit

- Déclaration Universelle des Droits de l'Homme :
https://www.un.org/fr/udhrbook/pdf/
udhr_booklet_fr_web.pdf

- Les principes de Jogjarkarta :
https://www.amnesty.ch/fr/themes/autres/identite-
de-genre-et-orientation-sexuelle/principes-
jogjakarta/Yogyakarta_principles_fr.pdf

- Déclaration de Montréal sur les droits humains
des LGBT :
www.declarationofmontreal.org/
DeclarationdeMontrealFR.pdf
- *« Droit de l'homme et identité de genre »*,
Conseil de l'Europe :
https://rm.coe.int/16806da5d0#:~:text=Le
%20Comit%C3%A9%20des%20Ministres
%20du,entrer%20en%20ligne%20de%20compte.

- Convention internationale des Droits de l'enfant :
https://www.unicef.fr/sites/default/files/
convention-des-droits-de-lenfant.pdf

Sites internet

ALFM (Association LGBT et Féministe du Monde) :
www.alfworld.org

OMS (Organisation Mondial de la Santé) :
https://www.who.int/